Suite Sociologie De
L'Homme et de La Femme
Spirituelle dans L'Islam .

Sonia Amor

Éditeur : BoD-Books on Demand, 12/14
rond point des Champs Élysées, 75008
Paris, France
Impression : BoD-Books on Demand,
Norderstedt, Allemagne
ISBN : 978-2-322-04440-5
Dépôt légal : Decembre 2015.

Il faut faire le lien entre le
mari et la femme le père et
la mère et l'homme et la
femme et les hommes et
les femmes car à l'origine
c'est la création de
l'homme et de la femme
par Allah Adam et Ève de
la côte d'Adam puis
l'humanité avec les enfants
de la vient l'humanité des
enfants du père et de la
mère unit de l'humain de
chacun en eux deux
l'homme et la femme unit

parmis l'humanité en eux
les hommes et les femmes
de la société et culture du
pauvre réalisé par eux deux
le mari et la femme
s'aimant de l'origine de
l'humanité le pauvre de ce
monde dans leur foi et sans
les divisions sociales des
hommes et femmes et les
enfants qui font un père et
une mère aussi bien femme
et mari qu'homme et
femmes ayant accomplit
leur foi humaine d'aimer
l'humanité des hommes et
des femmes unit autant

qu'ils sont l'homme et
autant la femme unit et
autant le mari et femme
unit et autant père et mère
unit autant le cœur pour les
pauvres en Allah chaque
homme et chaque femme
doit être un pauvre avant
d'être une femme et un
homme pour se réaliser le
mari et la femme doivent
être détaché de ce monde
matériel vivre sans objectif
matériel ni forme de ce
monde pour réaliser
l'amour de cœur car
l'homme et la femme n'est

pas un comparatif de vie
ni comparatif de forme ni
comparatif des gens on
n'est pas une évaluation
des gens ni de société mais
on est une élévation
spirituelle une inspiration
de l'âme et une sensibilité
douce et la sérénité vivante
de l'homme et de la femme
aussi bien mari et femme
que père et mère unit cet
amour venant des valeures
des pauvres car la valeure
du pauvre multiplie les
sentiments d'aimer car la
valeure du pauvre en nous

donne un cœur dévoué à s'aimer car la valeure du pauvre en nous embellit le quotidien d'être heureux toujours heureux car la valeure du pauvre trouve toujours en la personne aimé la beauté et le désir par l'ordinaire et simple de la vie naturelle plus beau que l'éclat de ce monde vain car ce monde se multiplie vainement de claquement de portes mais le cœur des valeures du pauvre est le quotidien simple fusion du cœur et fusion de la foi et fusion de l'amour par la nature humaine approfondit du caractère humain et de la sensibilité humaine du pauvre au pauvre en quête de se retrouver chez sois et non quelque part dans ce monde ni de se retrouver dans la vie des gens mais de se retrouver dans son cœur à deux de s'aimer à deux et non avec les gens ni par les sentiments venant de ce monde ni matériel ni forme de vie ni de la vue des gens nous

devons rester de la vue
d'Allah de la vue du cœur
bon de la vue du pauvre
pour garder le mari et la
femme et pour garder les
enfants unit et pour garder
l'homme et la femme
amoureux et pour garder
les hommes et femmes
dans notre humanité de foi
qui vient du détachement
de ce monde vain du
regard bon rattaché à Allah
et non à sa personne et non
d'injustice de ce monde car
l'esprit qui unit est plus fort
que le mauvais esprit faible

qui trahit la foi et trahit le cœur le mauvais esprit car le mauvais esprit est la mauvaise personne il faut garder le grand esprit et le grand cœur et la grande âme et la grande pensée et la grandeur d'Allah d'aimer et aider du pauvre aux pauvres et non la bassesse de sa personne vaine de ce monde bas.

Toute relation homme femme doit être semblable de cœur que le mari et la femme s'aimant et semblable de cœur que le père et la mère s'aimant pour garder sa foi et pour garder son cœur en Allah et pour garder l'humain de foi et pour garder l'humanité unit de sa foi il n'y a pas de différence entre l'homme et la femme et les hommes et les femmes car chaque homme et chaque femme est notre cœur revenant à Allah donc chaque homme est chaque femme est notre identité spirituelle notre sentiment de foi

l'aboutissement d'une idée
humaine d'un homme et
d'une femme s'aimant est
l'aboutissement de toute
l'humanité en nous ce qu'il
adviendra de l'idée de la
femme et de l'homme est
aussi important que le
devenir de l'humanité aussi
important que le devenir de
notre foi car ce n'est pas
seulement le devenir de
l'enfant mais le devenir de
l'humanité en nous où
vivra notre enfant et cette
humanité est l'homme et la
femme qui s'aiment autant

que le mari et la femme et
autant que le père et la
mère des mêmes
sentiments de cœur et de
foi et d'amour car s'aimer
est partager sa foi et
partager son amour et
partager sa vie c'est
l'humanité en nous à élever
de foi et non l'ego de sa
famille ni de ses biens car
on se rassemble
fraternellement hommes et
femmes par là l'homme et
la femme s'aiment et s'unit
jusqu'au mari et femme
jusqu'au père et mère et

non se diviser entre
hommes et femmes non se
diviser de ceux qui se
marient ni se diviser de
ceux qui ont des enfants et
non se diviser de l'homme
et de la femme qui s'aiment
nous sommes semblable
hommes et femmes vivant
de l'amour du cœur qui
forme l'humain en nous et
l'humanité en nous par
l'amour dans le cœur on
s'unit de cœur hommes et
femmes et non divisé
mariés et père et mère car
l'enfant unit le père et la

mère par la famille et le
mari et la femme unit par
la vie et l'homme et la
femme unit par le cœur et
celui qui ne croit pas en
l'homme et la femme unit
perd la vérité du cœur et
celui qui ne croit pas en le
mari et la femme marié
unit perd la vérité de la vie
et celui qui ne croit pas au
père et la mère unit de
l'enfant perd la vérité de la
famille et tout se perd peu
à peu dans l'humanité nous
devons préserver les cœurs
unit des hommes et

femmes dans l'amour
autant mari et femme que
père et mère que l'homme
et la femme vrai de foi et
de cœur et d'amour chacun
semblable d'amour chacun
sans se diviser ni
d'acquisition ni de devenir
de ce monde mais
semblable de devenir
spirituel de l'humanité le
cœur de chacun nous unit à
l'islam par l'amour unit au
corps et au cœur bon.

L'homme et la femme
devance le mari et la

femme qui devance le père
et la mère qui se devancent
chacun à leur tour à chaque
fois et en même temps de
s'aimer et de suivre les
sentiments les plus vrais
les plus authentique de
cœur ceux qui révèlent une
vraie vie ordinaire
simplement belle et d'un
autre monde celui du cœur
car l'homme et la femme
rêve d'être mariés et
parents un jour mais quand
ils sont mariés ils fuient la
vie à deux pour une vie
matérielle ou pour une vie

agité c'est l'ordre matériel
qui les unit ou l'ordre des
gens qui les unit faux qui
les fait vivre de haine
ensemble car le partage
matériel et des gens n'est
que dévaloriser et mépriser
et dénigrer les liens de
cœur qui cassent pour une
forme de vie car l'amour
doit rester à l'homme et la
femme l'origine de
l'humanité la création
d'Allah l'Homme et la
femme c'est l'amour
originel de l'homme et de
la femme l'amour d'Allah

et non le sentiment des
gens ni l'envie matérielle
donc il faut apprendre
toute sa vie à revenir à
l'amour d'Allah l'homme et
la femme unit de cœur
devançant le mari et la
femme et devançant les
parents eux mêmes
l'homme et la femme
mariés et parents mais
avant tout être l'homme et
la femme s'aimant de cœur
bon car le mari n'est
qu'avec des envies et désirs
d'homme et la femme
mariée n'est qu'une femme

sentimentale et les parents
ne sont que l'homme et la
femme sans enfant chaque
nuit et chaque soir par là
toute relation revient à
l'homme et la femme en
chacun du sentiment de
cœur et de corps partagé
pas de forme de vie
partagé car l'homme et la
femme ne partagent dans
chaque moment et acte que
les vibrations du cœur qui
se retrouvent nuit et jour le
cœur unit au corps à deux
si la forme de vie forme
matérielle et vue des gens

prend l'avantage la femme
et l'homme seront
désavantagé ils n'auront
plus besoin d'être unit mais
unit aux gens et unit à la
matière ils perdront le
cœur qui les unit car les
gens font des vibrations
négatives néfastes de
paroles et la matière fait
des vibrations négatives et
néfastes de sa personne qui
sont les gens et la matière
les biens des vibrations
néfastes de cœur vibrations
impitoyable de cœur dur
injuste mauvais alors

l'homme se désunit de la
femme et le mari et la
femme se desunit de haine
et les parents détestent leur
vie et se détestent il faut
toujours garder l'homme et
la femme s'aiment de cœur
et de corps unit à deux car
le cœur possede l'amour et
le corps possède l'amour
aussi à deux et le cœur
veut vivre son amour et le
corps veut vivre son amour
de l'homme et de la femme
unit et le corps ne vit pas
l'amour par l'apparence
fausse des hommes et

femmes mais le corps vit
l'amour de la vérité du
cœur bon de l'homme et de
la femme nous savons tous
que nous descendons
d'Adam et Ève chaque
homme et femme doit
savoir que chaque femme
qu'il aime est un rappel
d'Allah de son cœur et doit
être Ève en lui et Adam en
elle pour la femme et
chaque homme un rappel
d'Allah pour chaque
femme car nous sommes
créé à l'image d'Allah la
création d'Adam et Ève et

non des inconnus mais
nous connaissant de
l'amour de cœur spirituel
unit par semblable à
l'amour dans son cœur non
méprisable de cœur car
nous devons s'aimer de
rappel d'Allah la bonté et
non l'ego impitoyable de sa
personne donc il faut
toujours se rappeler de se
retrouver au paradis de
l'autre monde du cœur bon
et pieux comme la création
d'Allah Adam et Ève avec
chaque homme et femme
unit de leur cœur bon et

pieux et non ce monde bas
il ne faut pas ramener le
corps à ce monde vain ni
matériel mais ramener le
corps au cœur à l'amour
d'Allah à l'homme et la
femme avec tous et toutes
notre cœur bon à vivre pas
ce monde à vivre il faut
savoir que le cœur ne vit
l'amour que du pauvre en
nous .

.

L'homme et la femme veut
être béni du mariage et des
enfants mais c'est le cœur

bon de l'amour qui béni la
vie la bénédiction divine
vient de l'amour ressenti en
sentiments entre l'homme
et la femme et des hommes
et femmes humainement
de l'amour des pauvres
donc sa vie appartient à
l'amour la vie n'existe que
par l'amour car l'homme et
la femme début de
l'humanité ne sont que par
l'amour vécut entre eux
deux et les enfants ne sont
que par l'amour de cœur de
l'acte d'amour par le cœur
s'aimant à l'enfant donc
toute vie n'existe que par
l'amour en nous entre

l'homme et la femme ,divin par le cœur bon et les pauvres est l'agrément d'Allah nous ne devons pas chercher une autre bénédiction que le cœur bon pour les pauvres pour vivre et aimer car l'homme et la femme n'a son existence à deux que par l'existence de l'humanité tout ce qui est de l'humanité les pauvres est l'existence de chacun hommes et femmes les pauvres car le devoir du mariage et enfants n'est que le devoir pour les pauvres toute sa foi et

toute sa vie religieuse n'est
que l'amour ressenti pour
les pauvres et tout amour
des hommes et femmes
n'est que le cœur qui est
vérité le cœur que pour les
pauvres donc notre
attachement à aider et
aimer les pauvres est notre
lien de cœur pour s'unir
entre homme et femme .
Dans chaque rencontre
chacun veut trouver des
liens pour s'aimer hors ces
liens ne sont pas
l'apparence ni les biens ni
la forme de vie car ils ne
répondent qu'à l'ego de ce
monde mais l'homme et la

femme qui répond de
l'amour du pauvre trouve
sa rencontre avec Allah
c'est la rencontre de son
bonheur car il faut un cœur
humain et divin c'est un
cœur bon pour les pauvres
et le pauvre à aimer il faut
aimer d'un cœur humain et
divin par le pauvre car le
paradis est aux pauvres et
le paradis est l'amour qui
est aux pauvres l'amour de
là l'homme et la femme
s'aimera d'amour que du
pauvre au pauvre car le
paradis est aux pauvres et
l'homme et la femme
retrouvera le paradis perdu

par Adam et Ève que par le
paradis donné aux pauvres
dans l'autre monde c'est
aimer le pauvre qui
donnera l'amour la vie
simple l'extraordinaire du
cœur découverte chaque
jour du cœur et non
l'artifice de ce monde mais
l'homme et la femme
doivent vivre
l'extraordinaire mystère du
cœur bon l'infini du cœur
ce que donne Allah le cœur
aimant et non ce que donne
ce monde matériel et
artificiel de ce monde
impitoyable et méprisant
car nous devons

approfondir le cœur pour la vérité profonde et non le mensonge matériel de ce monde car nous devons vivre sans matériel de cœur

.

L'homme et la femme envient les hommes et les femmes qui eux même les hommes et les femmes envient l'homme et la femme jusqu'où cela les mènera à ne plus trouver son cœur dans sa vie à ne plus trouver de sens à sa vie juste à sa personne même marié même avec des enfants même à deux

la vie ne répond plus de
cœur d'aimer ni sa famille
ni son mari ni sa femme ni
une femme ni un homme
car si l'homme et la femme
ne se détache pas de ce
monde d'apparence et
matériel et réussite et
voyages si non l'homme et
la femme se détachera de
son cœur car l'attachement
à ce monde détache du
cœur mais le détachement
de ce monde est s'attacher
au cœur à l'amour à deux à
l'homme et la femme à la
famille aux enfants de
cœur bon et pieux au
pauvre car l'envie et

jalousie ne vient pas pour
les pauvres de là vient de
vivre sans s'envier les uns
les autres ni envier ce
monde par l'amour des
pauvres l'amour d'une vie
simple et ordinaire de la
beauté du cœur et non
beauté des gens ni de la
matière mais vivre de la
beauté du sentiment du
pauvre et des pauvres qui
permet de vivre heureuse
et heureux car sans croire
faussement avoir raté sa
vie ni avoir perdu son
temps ni avoir rien eut car
la magie de l'amour de la
vie du pauvre est de savoir

vivre sans envier les gens
ni la matière c'est posséder
sa vie de sa famille de son
cœur de ses enfants de
l'homme et de la femme
qui s'aiment sans envier ni
désirer la matière ni les
gens satisfait et heureux
d'être ensemble
simplement à deux sans
demander à la matière ni
aux gens mais à la suite de
leur cœur bon non afin des
gens ni afin de la réussite
car si l'homme et la femme
n'envient plus ce monde ni
n'envient plus les gens ils
auront toujours envie de
s'aimer et toujours envie de

rester ensemble cela sans
envier les autres ni la
matière qui garde l'envie
de s'aimer l'envie du cœur
de s'aimer pour toujours
donc c'est l'envie matériel
et l'envie des gens qui
enlève l'envie de s'aimer
du mari et de la femme et
des enfants et de la famille
alors retourner à son cœur
bon unit c'est ne pas envier
ce monde par la valeure
haute spirituelle du pauvre
sans envier dans la vie non
fausses valeures de ce
monde matériel envieux .

La raison de l'amour de

l'homme et de la femme
n'est jamais la raison du
mariage ni des enfants c'est
la raison du cœur la seule
raison de l'homme et de la
femme et non mari et
femme ni père et mère c'est
toujours la seule raison
d'aimer de l'homme et la
femme dans la vie aussi
fort que dans le mariage
qu'avec les enfants c'est à
dire que la femme et
l'homme doivent toujours
garder la raison de s'aimer
de cœur aucune autre
raison ne doit être plus
forte que celle de s'aimer si
non la femme et l'homme

avec la raison de la vie et
de ce monde se délie des
sentiments puis se délie de
l'amour puis se délie de sa
facilité et se délie de sa
gentillesse et devient une
raison de ne pas être
d'accord puis une raison de
ne pas se comprendre puis
une raison de se mépriser
puis une raison de ne pas
se parler puis une raison de
ne plus s'aimer puis une
raison de se séparer
car c'est la raison du
pauvre et des pauvres qui
est vérité du cœur et de la
vie et non raison de ce
monde ni d'apparence car

l'apparence montre ce monde traitre mais le pauvre d'apparence revele le cœur bon et pieux ce n'est pas la même chose de montrer d'apparence la traîtrise de ce monde faux et une autre chose plus belle de révéler le cœur à aimer le pauvre et non montrer quelque chose à faire l'apparence de ce monde traitre. Les raisons de l'amour sont secrètes comme le cœur non montré du doigt de paraître et de forme essayez de comprendre que le secret gardé de l'amour est le

cœur bon du pauvre qui
sont les raisons de l'amour
d'Allah les pauvres à aimer
et aider si la raison de ce
monde est abandonné alors
la raison de s'aimer restera
toujours l'on doit se laisser
guider par le cœur et
l'homme et la femme
doivent avoir la même
raison de s'aimer pour
vivre ensemble c'est à la
femme de prendre la raison
de l'homme qu'elle aime
pour que l'homme lui
donne son amour car
l'homme donne son amour
de cœur par la raison
partagée avec la femme qui

lui revient à l'homme pour
trouver les mêmes raisons
de s'aimer et de continuer à
s'aimer il faut à la femme
avoir les mêmes raisons
que l'homme de s'aimer de
cœur car la continuité du
cœur fait la continuité de la
vie à deux homme et
femme bien plus à accepter
les raisons de l'homme à la
femme mariés et bien plus
encore à la femme
d'accepter les raisons de
l'homme à la femme quand
ils sont parents car c'est la
raison de l'amour la
continuité de l'amour la
raison de l'homme partagé

à deux de cœur et non la raison de ce monde par la femme.

La femme doit aimer l'homme et envie d'aimer l'homme et vouloir aimer l'homme de cœur unit au corps car si le cœur est détaché du corps c'est ce monde qui est attaché au corps mais si ce monde est détaché du cœur le coeur sera unit au corps mais faussement la femme et l'homme vivent séparé de cœur car la femme n'aime pas n'as pas envie ne veux pas aimer l'homme ni le mari ni le père de ses

enfants car ne pas aimer ne
pas vouloir ne pas avoir
envie d'aimer chez la
femme donne
l'impossibilité de vivre
l'impossibilité d'aimer chez
la femme donne
l'impossibilité du cœur qui
donne l'injustice
l'impitoyable la
malédiction de la femme et
de la vie à deux par ne pas
vouloir aimer il n'y a plus
la volonté du cœur ni de
foi mais volonté de ce
monde et par ne pas avoir
envie d'aimer de la femme
donne ne pas avoir envie
de foi ni d'envie de cœur

mais envie de ce monde et
par ne pas avoir d'amour
donne l'impitoyable du
cœur l'impitoyable de ce
monde donc la femme doit
aimer et envie d'aimer et
vouloir aimer l'homme unit
de coeur et de corps car
l'envie la volonté et
l'amour doit être de coeur
d'aimer le pauvre non
l'envie la volonté l'amour
de ce monde ni des biens
donc préservez votre foi en
donnant votre coeur unit à
l'homme non votre coeur
joint à ce monde car le
coeur s'unit à l'homme non
le coeur unit à ce monde ,

la femme a la possibilité de
choisir entre unir son coeur
à l'homme avec l'amour
toute sa vie mais
malheureusement elle a
choisit la femme de s'unir
son coeur à ce monde aux
biens et aux mondanités
pour la beauté fausse de ce
monde du paraître et de la
matière hors l'islam prouve
témoigne du coeur de la
beauté des pauvres et
laideur de ce monde alors
il faut que l'homme et la
femme s'unissent pour
partager la vie ordinaire et
l'amour à deux
extraordinaire par foi de

coeur .

L'homme et la femme pensent qu'ils doivent se retrouver comme les hommes et les femmes mais ils doivent se retrouver en Allah car la femme pense qu'elle doit se retrouver sa vie comme les femmes et de là la femme ne voit plus ses sentiments par rapport à l'homme aimé mais par rapport aux femmes dans la société hors c'est la femme comment elle est dans la société qui était voulut en erreur alors que

c'est la femme de l'amour
partagé avec l'homme qui
est voulut par Allah et non
la femme dans la société
car transposer la femme
dans la société fait un
rapport conflictuel des
femmes car ce n'est plus la
femme aimée de coeur
choisit mais la femme
aimée par la société de ce
monde qui fausse l'amour
qui fausse les sentiments
car la femme n'est plus de
rapport avec son coeur et
l'homme mais avec les
femmes et l'homme d'où
les incertitudes de la
multiplicité des femmes de

ce monde directement avec l'homme qui n'a plus le contact directif de l'amour du coeur mais le contact directif de la société des femmes dirigeant la femme et l'homme la place de la femme parmis les femmes la femme parmis la société par injustice des mondanités et injustice de la matière car il faut la place de la femme dans le coeur par le directif de l'amour de l'homme et d'Allah et non directif de la société des femmes ni des mondanités il faut que l'homme et la femme

vivent à deux leur amour et
non avec les femmes ni la
société par le coeur et le
corps unit avec l'amour du
pauvre de la vie simple
sans les mondanités car
l'écart de la femme et de
l'homme qui s'aiment
l'écart de leur coeur par les
gens les mondanités les
éloignera loin l'un de
l'autre de médisance des
gens et de la famille et de
la femme qui disparaît
devant les femmes et
l'homme qui disparaît
devant les hommes jusqu'à
disparaître le coeur du mari
et de la femme et

disparaître le coeur de
l'homme et de la femme et
disparaître le coeur du père
et de la mère de ses enfants
car devant les hommes et
femmes il n'y a plus
possibilité d'existence d'un
homme et d'une femme
alors qu'à deux l'homme et
la femme et en famille
l'homme et la femme unit
sont existant l'un pour
l'autre par ce qu'ils ont en
eux deux et non chercher
l'amour dans les
mondanités mais l'amour à
deux se transposant aux
sentiments du coeur non se
transposant aux sentiments

faux de la société ni aux femmes mais la femme transposé au coeur .

L'homme et la femme cherchent à partager la vie à deux par la vie amoureuse à deux la vie à deux est partagé tant la part de l'homme d'amour se retrouve dans la femme aimée car la vie et toute la vie vécut et à vivre et de désirs de vivre n'est que l'amour vécut n'est que l'amour à vivre n'est que les désirs de l'amour c'est n'est que cela la vie désiré d'un homme avec sa femme donc la vie à deux n'est que l'amour partagé à deux le reste est inventions de ce monde celui et celle qui remplace l'amour par ce monde perdra sa vie à deux de coeur car l'amour ne s'échange pas c'est une valeur l'amour entière humaine du pauvre et des pauvres car l'amour n'entre pas dans ce monde il est comme les pauvres l'amour il n'entre pas dans ce monde car Allah ne regarde pas ce monde donc la facilité matérielle fausse des femmes et hommes pour vivre est d'échanger le

partage de l'amour
l'échanger par le partage de
ce monde au lieu de
partager l'amour ils
préfèrent de mal partager
ce monde c'est ce monde
ingrat qu'ils auront à subir
en partageant la dureté des
gens au lieu de l'amour qui
est la douceur des anges en
fait il faut choisir de vivre
du ciel des anges de la
douceur et de l'amour
vécut à deux l'homme et la
femme le mari et la femme
le père et la mère de ses
enfants de la douceur du
coeur des anges du ciel et
non de la dureté

impitoyable de la matière
et des gens sur terre alors il
faut rester parmis les anges
non parmis les gens pour
l'homme et la femme de
s'aimer de coeur et de
corps car les gens et le
rapport aux gens chassent
les anges du coeur entre
l'homme et la femme il
faut que l'amour vient de la
foi qui vient du coeur qui
vient du ciel qui vient de la
bonté et douceur du coeur
des anges car toute
caractéristique de ce
monde de la matière et des
gens rend mauvais
transforme tout en mal il

faut rendre l'amour au ciel
à Allah c'est la douceur du
coeur des anges de la bonté
et non croire faussement
que l'amour l'homme et la
femme revient ni à ce
monde ni a sa vie sur terre
ni au rapport des gens mais
l'amour revient à Allah
c'est de la foi c'est du ciel
des anges non des gens.

L'homme et la femme
vivent de l'intériorité de
leurs coeur et intime
relation et non le mari et la
femme ni le père et mère ni
l'homme et la femme
vivant de leur maison et de

leur biens et de leur place
dans ce monde et de leur
place au soleil à l'étranger
car tout cela enlève
l'intériorité du coeur et
intime amour qui disparaît
du soleil de la maison et de
ce monde car l'intériorité
du coeur disparaît pour
l'extérieur et les hommes et
femmes doivent apprendre
à vivre seulement de
l'intériorité et intimité à
deux car toute extériorité
est conflictuel car
l'intériorité de l'amour doit
être plus attrayant que
l'extérieur pour rester de
foi la vie intérieur du coeur

vivant et sentiments
vivants et relation vivant
de foi et d'amour est délié
de l'attachement extérieur
car le monde exterieur
devient plus attirant pour la
femme que de s'aimer et le
monde exterieur détache la
femme de l'homme et
détache l'homme de la
femme car le coeur et
intériorité et sentiments et
relation à deux perd tout
son contenu et perd ses
valeures devant la
nouveauté pour l'un et
l'autre qui n'arrivent plus à
se voir heureux mais se
voyent à travers le monde

exterieur malheureux
perdant et n'arrivent plus à
se regarder amoureux mais
détaché délié par
l'extérieur plus attirant que
la femme à ses côtés et
plus attirant que l'homme à
ses côtés il faut savoir que
la maison et ce monde et sa
place au soleil pour vivre
excluent l'homme et la
femme qui se séparent
mariés ou une vie à deux
ou parents ils se séparent
de coeur séparés même à
deux et il n'y a que la
maison qui accueille tous
les pauvres le cœur bon et
meilleur que ce monde le

cœur bon et le paradis de l'autre monde le coeur qui est notre maison et qui est le paradis rêvé et le monde rêvé ce n'est que le cœur bon et pieux le pauvre dans notre coeur pour pouvoir vivre l'amour à deux et avec enfants aucune valeure de ce monde ni la maison ni la place au soleil ni ce monde ne donnera de bonheur cela enlèvera tout bonheur car l'extérieur est opposé à l'intériorité du coeur et l'amour appartient aux pauvres.

Il faut être de l'infini de

son coeur et non ailleurs
que chez sois et non
ailleurs qu'avec la
personne que l'on aime il
faut remplacer l'ailleurs de
ce monde qui est faux pour
vivre le remplacer de vérité
par l'infini d'Allah l'infini
du coeur l'infini de l'esprit
l'infini du ciel et non
ailleurs sur terre car l'infini
de l'homme et de la femme
du mari et de la femme du
père et mère unit cet infini
est le coeur de l'homme et
de la femme infini de
sentiments infini de l'âme
infini du temps éternel
infini de l'esprit par le

mouvement du sentiment
infini de profondeur l'un
l'autre l'homme et la
femme et non ailleurs de
ce monde ne trouvant
personne à ses côtés ni
personne à aimer ailleurs
que chez sois ailleurs de sa
vie est le mensonge
l'illusion alors que l'infini
profondeur de vie
profondeur de se connaître
de coeur bons et l'infini est
la profondeur du coeur bon
la profondeur de la relation
homme femme qui
s'approfondit d'aimer et
non ailleurs sans rien
vouloir comprendre entre

eux deux sans rien vouloir
connaitre entre eux deux
car l'infini
l'approfondissement des
sentiments bons de coeur
est le ciel à plein coeur
c'est la relativité de
l'éternité et non relatif à ce
monde faux il faut se
connaitre rester ensemble
être à deux et vivre pour la
part éternelle celle des
sentiments qui unissent
non ce monde car ce
monde dévalorise
matériellement le mari et la
femme et ce monde
dévalorise le père et la
mère des enfants

dévalorisé par ce monde et
l'homme et la femme est
dévalorisé par ce monde de
l'agitation et éclat de la vie
donc les sentiments bons et
le coeur bon approfondit
de s'aimer est l'infini vécut
à deux l'homme et la
femme et non ailleurs que
chez sois car c'est l'infini
du coeur car on est bien
chez sois que bien dans
son coeur et bien dans son
esprit bien de l'infini
d'Allah bien de l'au-delà et
non ailleurs que chez sois
il faut atteindre l'au-delà
l'infini unit de coeur
l'homme et la femme et

non ailleurs que chez sois mais approfondir le coeur les sentiments car c'est l'au-delà d'Allah et non aller ailleurs et non vivre ailleurs et non être ailleurs mais vivre de l'au-delà du coeur bon d'Allah.

www.ingramcontent.com/pod-product-compliance
Lightning Source LLC
Chambersburg PA
CBHW031329250726
48656CB00005B/2044